जीवन एक खेल अनेक

अरविंद कुमार समरवार

"" एक महोब्बत ऐसी भी "

शाम का समय था। मैं रेलवे स्टेशन पर एक बैंच पर एकांत में बैठा ट्रैन का इंतजार कर रहा था। ट्रैन दो घंटे बाद आने वाली थी।

अचानक एक सुंदर सी महिला मेरे पास आकर बैठ गई।

मैं महिलाओं से वैसे ही घबराता हूँ। अनजान हो तो मेरी जान ही निकलने लगती है।

कुँवारा ब्रह्मचारी आदमी ठहरा इतने करीब जनानी को कैसे सहन कर पाता। मैं खड़ा होकर चलने लगा तो उसने कहा बैठ जाओ।

मैंने आँखों से प्रश्न किया:-",???"

जवाब में वह बोली:-", पहचाना नही क्या?"

मैंने "ना", में गर्दन हिलाई।

उसने उदास होकर कहा:-"मैं दामिनी"।

"ओह" मेरे मुख से बस इतना ही निकला।

यादों पर जमा कुछ कोहरा हटा और गौर से उसका चेहरा देखा तो उसकी दस साल पुरानी वास्तविक आकृति जहन में उभर आई। मोहल्ले की लड़की थी। साथ में भी पढ़ी थी। सालभर पागल भी रही थी।

"बहुत दर्द हुआ आज, जिसके लिए खुद को बर्बाद कर लिया। वो शख्स तो मुझे पहचानता भी नही"। वो मरी आवाज में बोली।

मैं कुछ समझ नही पाया। आँखों में प्रश्न लेकर उसकी और देखा:-???"

"मैंने तुम्हे इतना चाहा? तुम्हे कुछ भी पता नही?"

मैंने फिर "ना" में गर्दन हिलाई।

"याद कर 12 वीं कक्षा में तेरी कॉपी में "I LOVE YOU लिख कर किसी ने पर्ची दबाई थी?

"हाँ, मग़र वह तो किसी लड़के की करतूत थी"।

"पागल, वो कोई लड़के की मजाक नही मैं ही थी"।

"ओह, मगर लिखावट तो तेरी नही थी। जब मैंने हल्ला मचाया था। सारे टीचर इकट्ठे हो गए थे। लिखावट मिलाई गई। मगर किसी की नही मिली।"

'कैसे मिलती? मैंने उलटे हाथ से जो लिखा था।" इस बार वह जरा मुस्कराई।

"ओह!!" मैंने आश्चर्यचकित होकर उसे देखा। जैसे ब्रेल लिपि पढ़ने की कोशिश कर रहा हूँ।

"हाँ, तू सचमुच भोला था। तेरे इसी भोलेपन पर तो मेरा दिल आ गया था। 12 वीं के बाद मेरी पढ़ाई छूट गई थी।

और तू कॉलेज जाने लगा था। तब मैंने साल भर पागलपन का नाटक किया था"।

"झूठी, तू सचमुच पागल थी"।

"हाँ पागल थी। तेरे प्यार में। दीन-दुनिया की खबर ही नही थी। अपना होश भी नही सम्भाल पा रही थी। पागपन के बहाने से तेरे घर आकर छुप जाया करती थी। इसी बहाने तुझे छू लिया करती थी।"

"चल झूठी, तुमने पागलपन में कइयों को काट लिया था। याद नही क्या?

"हाँ याद है सबकुछ तो याद है। चाहत के लम्हे ऐसे ही भूले जाते हैं क्या? याद कर मैंने सबको काटा मग़र तुझे क्यों नही काटा? तुम मुझे पकड़ कर घर वालों के हवाले कर दिया करते थे। और मैं बड़ी आसानी से तुम्हारी पकड़ में आ जाया करती थी। इसी बहाने तुझे छूने का का मौका मिल जाया करता था। यही तो हसरत रहती थी मेरी। तुझे छूने के लिए अपना वजूद तक दांव पर लगा दिया था मैंने।"

मैं निरूत्तर सा हो गया। फिर मैंने कहा:-" नही तू सचमुच पागल ही थी। याद कर जब मैं बरसाती तालाब में नहा रहा था। तुम मेरे कपड़े उठा कर ले गई थी। मैं पूरे दिन खेतों में चड्डी में घूमता रहा मग़र तुमने शाम तक मेरे कपड़े नही दिए। ऐसा तो कोई पागल ही कर सकती थी।"

"हाँ कपड़े उठाए थे मैंने। मग़र जरा सोच तेरे ही क्यूँ उठाए थे? और भी तो तेरे कई दोस्त नहा रहे थे? बड़ा मजा आया था मुझे इस खेल में। शाम को तेरे कपड़े मैंने वापस भी तो कर दिए थे। मेरे अपने थे तुम। ढंग से तुझे देखने का हक था मेरा सो मैंने देख लिया।" ,फिर उसने एक गहरी सांस लेकर कहा:-" बड़ी कीमत चुकानी पड़ी थी मुझे इस खेल की। तेरी माँ शिकायत लेकर आ गई थी। इस कारण घर वालों ने मुझे खूब पीटा। फिर रातभर बेड़ियों से बाँधे रखा था। मग़र सारी सजा उस आनन्द के सामने कुछ भी नही थी रे"!

अब मेरे पास कोई जवाब नही था। मुझे उससे आँख मिलाने की भी हिम्मत नही हो रही थी।

उसने कहना जारी रखा:-" तुझसे महोब्बत की सजा तो मैं अब भी भोग रही हूँ। पागल समझ कर घर वालों ने बुड्ढे के पल्ले बाँध दिया। मुझसे 15 साल बड़ा है वो। मगर जो भी है, पति है मेरा। निभा रही हूँ। दो बच्चे भी हैं मेरे। मगर तू आज भी मेरे दिल, मेरे जेहन से निकलता ही नही। मुझे छूता कोई और है मगर स्पर्श तेरा ही महसूस किया है मैंने। ये जिंदगी तेरे नाम की है। ता उम्र तेरी ही रहेगी। प्यार एक बार होता है। मुझे भी हुआ। बिना किसी उम्मीद के मैंने तुझे चाहा। चाहती रहुँगी। ओह अब मेरी ट्रेन आ गई है। दूर की मुसाफिर हूँ अब । जाना पड़ेगा। मगर आज जिंदगी की सबसे बड़ी खुशी पाली है मैंने। तुझे अपने दिल का हाल बताकर।

अब मर भी जाऊँ तो कोई गम नही।"

इतना कह कर वो चली गई। मैं जड़वत पत्थर बना बैठा रहा। वो स्टेशन की भीड़ में कहीं ओझल हो गई।

आजकल चिट्टियां, पैगाम नहीं लाती।

डालियो पे कोयल भी गीत नहीं गाती।

सुबह-सुबह उठकर अखबार पढ़ा मैंने,

पहले आती थी खबर, अब नहीं आती।

भुलाने की कोशिश में सहर डूब जाती है,

मेरे दिल से मगर तुम्हारी यादें नहीं जाती।

वो लड़की गुमसुम सी रहती है आजकल,

समझ नहीं आता, क्यों नहीं मुस्कुराती।

करती थी कल तक जो बड़ी बड़ी बातें,

क्या हुआ अब कोई, किस्सा नहीं सुनाती।

मुझे लगता है पढ़ना ही छोड़ दिया उसने,

आजकल अपने साथ किताबें नहीं लाती।

मेरी गजलें पढ़कर लोग, कहते है "कुमार"

तेरी उम्र तेरी जुबान से मेल नहीं खाती...

सास ससुर को पोता चाहिए पति को बेटा चाहिए देवर को भतीजा चाहिए और ननद को एक खिलौना चाहिए जो उसके साथ खेले और उसका मन बहलाए ।

लेकिन जब वो बहु पेट से होती है तब किसी कि भी नज़र उस पर नहीं होती कि वो किस हाल मे अपने दिन और रातें काट रही है ।।

सास कहती है आजकल कितने देर से उठ रही है ये बहु समय से चाय नास्ता भी नहीं देती ससुर कहते हैं क्या हो गया बहु आजकल तुम बहुत कम ध्यान दे रही हो हम पर समय पर पेपर और चाय नास्ता खाना खाने पर । और पति कहते हैं क्या नाटक लगा रखा है तुमने जबसे तुम पेट से हुई हो तब से तुम्हें खाने और पीने कि हर एक सामान लाकर दे रहा हूँ फिर भी तुम ये सब ना खाकर् सिर्फ अपनी मन मर्जी कि काम कर रही हो ।।

और देवर कहते है क्या हुआ भाभी आजकल टाइम से मेरी टिफिन और मेरे कपडे जुत्ते और बैग तैयार करके नहीं दे रही हो और ननद कहती है वाह भाभी आप भी कमाल करती हो लगता है एक सिर्फ तुम्हीं माँ बनने जा रही हो इस संसार मे ।

लेकिन ये कोई नहीं सोचता और समझता कि हर एक नारी जब पेट से होती है तब किस हालत और किस दर्द से गुजर रही होती है ये सब उसे हि मालुम होता है जिसे इस घर के लिए और सबकी नजर में अच्छी बहु अच्छी पत्नी अच्छी भाभी बनने के लिए एक बेटा को जन्म देना जरुरी होता है ।। लेकिन किसी भी सास ससुर पति देवर और ननद को ये एहसास और महसूस नहीं होता कि वो किस तरह वो 9, महीने काटती है हर एक पल हर एक दिन और हर एक रात काटना कितना मुश्किल और दर्द भरा होता है वो सिर्फ और सिर्फ एक नारी को होता है ।

जिसे हम सब उसकी सिर्फ कमजोरी और काम चोरी के रूप मे देखते है हम सब ये क्यूँ नहीं देखते वो सिर्फ अपनी ख़ुशी नहीं आपकी और आपके परिवार कि ख़ुशी के लिए वो सब दर्द और दुःख को भूल कर सिर्फ एक बेटे कि चाहत रखने वालों का मन को शांति और ख़ुशी देना चाहती है ।। हर एक बहु को समर्पित जो ये दर्द और दुःख को झेल कर हर एक घर मे खुशहाली लाती है ।। और कहानी पड़ने के लिए मुझे मैसेज कर सकते हो यह मुझे फ्रेंड रिक्वेस्ट भेज सकते हो आपका प्यारा दोस्त अरविंद कुमार सम्मरवार सास ससुर को पोता चाहिए पति को बेटा चाहिए देवर को भतीजा चाहिए और ननद को एक खिलौना चाहिए जो उसके साथ खेले और उसका मन बहलाए ।

लेकिन जब वो बहु पेट से होती है तब किसी कि भी नज़र उस पर नहीं होती कि वो किस हाल मे अपने दिन और रातें काट रही है ।।

सास कहती है आजकल कितने देर से उठ रही है ये बहु समय से चाय नास्ता भी नहीं देती ससुर कहते हैं क्या हो गया बहु आजकल तुम बहुत कम ध्यान दे रही हो हम पर समय पर पेपर और चाय नास्ता खाना खाने पर । और पति कहते हैं क्या नाटक लगा रखा है तुमने जबसे तुम पेट से हुई हो तब से तुम्हें खाने और पीने कि हर एक सामान लाकर दे रहा हूँ फिर भी तुम ये सब ना खाकर सिर्फ अपनी मन मर्जी कि काम कर रही हो ।। और देवर कहते है क्या हुआ भाभी आजकल टाइम से मेरी टिफिन और मेरे कपडे जुत्ते और बैग तैयार करके नहीं दे रही हो और ननद कहती है वाह भाभी आप भी कमाल करती हो लगता है एक सिर्फ तुम्हीं माँ बनने जा रही हो इस संसार मे ।

लेकिन ये कोई नहीं सोचता और समझता कि हर एक नारी जब पेट से होती है तब किस हालत और किस दर्द से गुजर रही होती है ये सब उसे हि मालुम होता है जिसे इस घर के लिए और सबकी नजर में अच्छी बहु अच्छी पत्नी अच्छी भाभी बनने के लिए एक बेटा को जन्म देना जरुरी होता है ।। लेकिन किसी भी सास ससुर पति देवर और ननद को ये एहसास और महसूस नहीं होता कि वो किस तरह वो 9, महीने काटती है हर एक पल हर एक दिन और हर एक रात काटना कितना मुश्किल और दर्द भरा होता है वो सिर्फ और सिर्फ एक नारी को होता है ।

जिसे हम सब उसकी सिर्फ कमजोरी और काम चोरी के रूप मे देखते है हम सब ये क्यूँ नहीं देखते वो सिर्फ अपनी ख़ुशी नहीं आपकी और आपके परिवार कि ख़ुशी के लिए वो सब दर्द और दुःख को भूल कर सिर्फ एक बेटे कि चाहत रखने वालों का मन को शांति और ख़ुशी देना चाहती है ।। हर एक बहु को समर्पित जो ये दर्द और दुःख को झेल कर हर एक घर मे खुशहाली लाती है ?

हमारा भी एक जमाना था...

खुद ही स्कूल जाना पड़ता था क्योंकि साइकिल बस आदि से भेजने की रीत नहीं थी, स्कूल भेजने के बाद कुछ अच्छा बुरा होगा ऐसा हमारे मां-बाप कभी सोचते भी नहीं थे... उनको किसी बात का डर भी नहीं होता था,

? पास/नापास यही हमको मालूम था... % से हमारा कभी संबंध ही नहीं था...

? ट्यूशन लगाई है ऐसा बताने में भी शर्म आती थी क्योंकि हमको ढपोर शंख समझा जा सकता था...

किताबों में पीपल के पत्ते, विद्या के पत्ते, मोर पंख रखकर हम होशियार हो सकते हैं ऐसी हमारी धारणाएं थी...

कपड़े की थैली में...बस्तों में..और बाद में एल्यूमीनियम की पेटियों में...किताब कॉपियां बेहतरीन तरीके से जमा कर रखने में हमें महारत हासिल थी.. ..

? हर साल जब नई क्लास का बस्ता जमाते थे उसके पहले किताब कापी के ऊपर रद्दी पेपर की जिल्द चढ़ाते थे और यह काम...एक वार्षिक उत्सव या त्योहार की तरह होता था.....

साल खत्म होने के बाद किताबें बेचना और अगले साल की पुरानी किताबें खरीदने में हमें किसी प्रकार की शर्म नहीं होती थी..क्योंकि तब हर साल न किताब बदलती थी और न ही पाठ्यक्रम...

? हमारे माताजी पिताजी को हमारी पढ़ाई का बोझ है..ऐसा कभी लगा ही नहीं....

किसी दोस्त के साइकिल के अगले डंडे पर और दूसरे दोस्त को पीछे कैरियर पर बिठाकर गली-गली में घूमना हमारी दिनचर्या थी....इस तरह हम ना जाने कितना घूमे होंगे....

?? स्कूल में सर के हाथ से मार खाना, पैर के अंगूठे पकड़ कर खड़े रहना, और कान लाल होने तक मरोड़े जाते वक्त हमारा ईगो कभी आड़े नहीं आता था.... सही बोले तो ईगो क्या होता है यह हमें मालूम ही नहीं था...

??घर और स्कूल में मार खाना भी हमारे दैनंदिन जीवन की एक सामान्य प्रक्रिया थी.....

मारने वाला और मार खाने वाला दोनों ही खुश रहते थे... मार खाने वाला इसलिए क्योंकि कल से आज कम पिटे हैं और मारने वाला है इसलिए कि आज फिर हाथ धो लिए?......

बिना चप्पल जूते के और किसी भी गेंद के साथ लकड़ी के पटियों से कहीं पर भी नंगे पैर क्रिकेट खेलने में क्या सुख था वह हमको ही पता है...

? हमने पॉकेट मनी कभी भी मांगी ही नहीं और पिताजी ने भी दी नहीं.....इसलिए हमारी आवश्यकता भी छोटी छोटी सी ही थीं....साल में कभी-कभार एक हाथ बार सेव मिक्सचर मुरमुरे का भेल खा लिया तो बहुत होता था......उसमें भी हम बहुत खुश हो लेते थे.....

छोटी मोटी जरूरतें तो घर में ही कोई भी पूरी कर देता था क्योंकि परिवार संयुक्त होते थे ..

दिवाली में लोंगी पटाखों की लड़ को छुट्टा करके एक एक पटाखा फोड़ते रहने में हमको कभी अपमान नहीं लगा...

? हम....हमारे मां बाप को कभी बता ही नहीं पाए कि हम आपको कितना प्रेम करते हैं क्योंकि हमको आई लव यू कहना ही नहीं आता था...

?आज हम दुनिया के असंख्य धक्के और टॉन्ट खाते हुए......और संघर्ष करती हुई दुनिया का एक हिस्सा है..किसी को जो चाहिए था वह मिला और किसी को कुछ मिला कि नहीं..क्या पता..

स्कूल की डबल ट्रिपल सीट पर घूमने वाले हम और स्कूल के बाहर उस हाफ पेंट मैं रहकर गोली टॉफी बेचने वाले की दुकान पर दोस्तों द्वारा खिलाए पिलाए जाने की कृपा हमें याद है.....वह दोस्त कहां खो गए वह बेर वाली कहां खो गई....वह चूरन बेचने वाली कहां खो गई...पता नहीं..

हम दुनिया में कहीं भी रहे पर यह सत्य है कि हम वास्तविक दुनिया में बड़े हुए हैं हमारा वास्तविकता से सामना वास्तव में ही हुआ है...

? कपड़ों में सिलवटें ना पड़ने देना और रिश्तों में औपचारिकता का पालन करना हमें जमा ही नहीं......सुबह का खाना और रात का खाना इसके सिवा टिफिन क्या था हमें मालूम ही नहीं...हम अपने नसीब को दोष नहीं देते....जो जी रहे हैं वह आनंद से जी रहे हैं और यही सोचते हैं....और यही सोच हमें जीने में मदत कर रही है.. जो जीवन हमने जिया...उसकी वर्तमान से तुलना हो ही नहीं सकती ,,,,,,,,

हम अच्छे थे या बुरे थे नहीं मालूम पर हमारा भी एक जमाना था

आज बच्चों को शोर मचाने दो

कल जब ये बड़े हो जाएँगे

ख़ामोश ज़िंदगी बिताएँगे

हम-तुम जैसे बन जाएँगे

गेंदों से तोड़ने दो शीशे

कल जब ये बड़े हो जाएँगे

दिल तोड़ेंगे या ख़ुद टूट जाएँगे

हम-तुम जैसे बन जाएँगे

बोलने दो बेहिसाब इन्हें

कल जब ये बड़े हो जाएँगे

इनके भी होंठ सिल जाएँगे

हम-तुम जैसे बन जाएँगे

दोस्तों संग छुट्टियाँ मनाने दो

कल जब ये बड़े हो जाएँगे

दोस्ती-छुट्टी को तरस जाएँगे

हम-तुम जैसे बन जाएँगे

भरने दो इन्हें सपनों की उड़ान

कल जब ये बड़े हो जाएँगे

पर इनके भी कट जाएँगे

हम-तुम जैसे बन जाएँगे

बनाने दो इन्हें काग़ज़ की कश्ती

कल जब ये बड़े हो जाएँगे

ऑफ़िस के काग़ज़ों में खो जाएँगे

हम-तुम जैसे बन जाएँगे

खाने दो जो दिल चाहे इनका

कल जब ये बड़े हो जाएँगे

हर दाने की कैलोरी गिनाएँगे

हम-तुम जैसे बन जाएँगे

रहने दो आज मासूम इन्हें

कल जब ये बड़े हो जाएँगे

ये भी "समझदार" हो जाएँगे

हम-तुम जैसे बन जाएँगे

#अरविंद #समर

उसकी बेटी के पास ...तीसरा फोन पकड़ा गया था

पहला फोन पकड़ा गया तो..... बेटी को मारा

गुस्सा किया, बहुत चिल्लाया ....परेशान रहा

पढाई छुड़वा दी,

दूसरी बार पकड़ा गया तो ....बहुत समझाईश की

प्रेम से अच्छा बुरा समझाया ,

और सर पर हाथ रखवा कर कसम दी

सोचा सब सम्भल गया.....पर...

हालात नहीं सुधरे.....तीसरी बार फिर

एक और फोन पकड़ा गया

इस बार ना मारा, ना डाँटा, ना समझाया....

अपने दोस्त को सारा हाल कह सुनाया

शादी तय कर दी.....फेरे होने ही वाले थे

पुलिस आ गई.....नाबालिग की शादी

बेटी ने अपने नाबालिग होने के कागज

अपने प्रेमी को दिए....प्रेमी ने पुलिस को

बालिग होने में महज 2 महीने शेष थे

उसे सजा हो गई.....नोकरी गई

जेल में ही पता चला.....

लडक़ी एक दिन भाग गई...

पत्नी सदमा बर्दाश्त नहीं कर सकी

पंखें से लटक गई.....और ये

अपना मानसिक सन्तुलन खो बैठा

अब जहां भी....बेटी बचाओ बेटी पढ़ाओ

ये बात सुनता है....पोस्टर देखता है

यूँही ......पागलपन करता है

पोस्टर फाड़ता है....पत्थर फेंकता है

चिल्लाता है....रोता है

कार्यकर्ता ने मंत्री जी को बताया

वो बेटी बचाओ बेटी पढ़ाओ...कार्यक्रम पर भाषण देने आए थे

उसकी बात सुन मंत्री जी भी घबराए

घर फोन किया....बिटिया कहाँ है...नजर रखना

ज्यादा लेट घर से बाहर ना रहे....

फोन पर भी ज्यादा बात न करे....

मंत्री जी की बातें बीवी समझ ना पाई

उधर मंत्री जी ने जब

बेटी बचाओ बेटी पढ़ाओ पर भाषण शुरू किया

वो पसीने से लथपथ हो रहे थे....

जब एक छिपकली कर सकती है, तो हम क्यों नहीं?

यह जापान में घटी, एक सच्ची घटना है....

अपने मकान का नवीनीकरण करने के लिये, एक जापानी अपने मकान की दीवारों को तोड़ रहा था। जापान में लकड़ी की दीवारों के बीच ख़ाली जगह होती हैं, यानी दीवारें अंदर से पोली होती हैं।

जब वह लकड़ी की दीवारों को चीर-तोड़ रहा था, तभी उसने देखा कि दीवार के अंदर की तरफ लकड़ी पर एक छिपकली, बाहर से उसके पैर पर ठुकी कील के कारण, एक ही जगह पर जमी पड़ी है।

जब उसने यह दृश्य देखा तो उसे बहुत दया आई पर साथ ही वह जिज्ञासु भी हो गया। जब उसने आगे जाँच की तो पाया कि वह कील तो उसके मकान बनते समय पाँच साल पहले ठोंका गई थी!

एक छिपकली इस स्थिति में पाँच साल तक जीवित थी! दीवार के अँधेरे पार्टीशन के बीच, बिना हिले-डुले? यह अविश्वसनीय, असंभव और चौंका देने वाला था!

उसकी समझ से यह परे था कि एक छिपकली, जिसका एक पैर, एक ही स्थान पर पिछले पाँच साल से कील के कारण चिपका हुआ था और जो अपनी जगह से एक इंच भी न हिली थी, वह कैसे जीवित रह सकती

है?

अब उसने यह देखने के लिये कि वह छिपकली अब तक क्या करती रही है और कैसे अपने भोजन की जरुरत को पूरा करती रही है, अपना काम रोक दिया।

थोड़ी ही देर बाद, पता नहीं कहाँ से, एक दूसरी छिपकली प्रकट हुई, वह अपने मुँह में भोजन दबाये हुये थी - उस फँसी हुई छिपकली को खिलाने के लिये! उफ़्फ़! वह सन्न रह गया! यह दृश्य उसके दिल को अंदर तक छू गया!

एक छिपकली, जिसका एक पैर कील से ठुका हुआ था, को, एक दूसरी छिपकली पिछले पाँच साल से भोजन खिला रही थी!

अद्भुत! दूसरी छिपकली ने अपने साथी के बचने की उम्मीद नहीं छोड़ी थी, वह पहली छिपकली को पिछले पाँच साल से भोजन करवा रही थी।

अजीब है, एक छोटा-सा जंतु तो यह कर सकता है, पर हम मनुष्य जैसे प्राणी, जिसे बुद्धि में सर्वश्रेष्ठ होने का आशीर्वाद मिला हुआ है, नहीं कर सकता!

कृपया अपने प्रिय लोगों को कभी न छोड़ें! लोगों को उनकी तकलीफ़ के समय अपनी पीठ न दिखायें! अपने आप को महाज्ञानी या सर्वश्रेष्ठ समझने की भूल न करें! आज आप सौभाग्यशाली हो सकते हैं पर कल तो अनिश्चित ही है और कल चीज़ें बदल भी सकती हैं!

प्रकृति ने हमारी अंगुलियों के बीच शायद जगह भी इसीलिये दी है ताकि हम किसी दूसरे का हाथ थाम सकें!

आप आज किसी का साथ दीजिये, कल कोई-न-कोई दूसरा आपको साथ दे देगा!

धर्म चाहे जो भी हो बस अच्छे इंसान बनो,क्योंकि मालिक हमारे कर्म देखता है धर्म नहीं

#पिछली रात बड़ी बेचैनी से कटी....

बमुश्किल सुबह एक रोटी खाकर घर से अपनी दुकान के लिए निकला.....?❣??

आज किसी के पेट पर #पहली बार #लात मारने जा रहा हूं ये बात अंदर ही अंदर #कचोट रही है ....

जिंदगी में यही #फ़लसफ़ा रहा मेरा कि ....

अपने आस पास किसी को रोटी के लिए #तरसना ना पड़े .....

पर इस विकट काल मे अपने ही पेट पर आन पड़ी है...

दो साल पहले ही अपनी सारी जमा पूंजी लगाकर कपड़े का शोरूम खोला था मगर दुकान के सामान की बिक्री, अब आधी रह गई है....

अपनी ही कपड़े की दुकान मे दो लड़के और दो लड़कियों को रखा है मैंने ग्राहकों को कपड़े दिखाने के लिए...

लेडीज डिपार्टमेंट की दोनों लड़कियों को निकाल नहीं सकता...

एक तो कपड़ो की बिक्री उन्हीं की ज्यादा है। दूसरे वो दोनों बहुत गरीब है....

दो लड़कों में से एक पुराना है और वो घर में इकलौता कमाने वाला है जो नया वाला लड़का है दीपक ....

मैंने विचार उसी पर किया है शायद उसका एक भाई भी है, जो अच्छी जगह नौकरी करता है और वो खुद, तेजतर्रार और हंसमुख भी है उसे कहीं और भी काम मिल सकता है...

पिछले सात महीनों में...

मैं बिलकुल टूट चुका हूं स्थिति को देखते हुए एक वर्कर कम करना मेरी मजबूरी है? यही सब सोचता दुकान पर पहुंचा....

चारो आ चुके थे मैंने चारो को बुलाया और बड़ी उदास हो बोल पड़ा..

देखो,दुकान की अभी की स्थिति तुम सब को पता है,मैं तुम सब को काम पर नहीं रख सकता....

उन चारों के माथे पर चिंता की लकीरें,मेरी बातों के साथ गहरी होती चली गई, मैंने बोतल के पानी से अपने गले को तर किया....

किसी एक का हिसाब आज कर देता हूं.... तो दीपक तुम्हें कहीं और काम ढूंढना होगा....

जी अंकलजी.....!!

मैंने उसे पहली बार इतना उदास देखा...

बाकियों के चेहरे पर भी कोई खास प्रसन्नता नहीं थी लेकिन एक लड़की जो शायद उसी के मोहल्ले से आती है,कुछ कहते कहते रुक गई....

क्या बात है, बेटी.... तुम कुछ कह रही थी....?

अंकल जी,इसके भाई का भी काम कुछ एक महीने पहले छूट गया है और इसकी मम्मी बीमार रहती है....

मेरी नजर दीपक के चेहरे पर गई....

आंखों में ज़िम्मेदारी के आंसू थे जो वो अपने हंसमुख चेहरे से छुपा रहा था मैं कुछ बोलता कि तभी एक और दूसरी लड़की बोल पड़ी

अंकल जी,बुरा ना माने तो एक बात बोलूं....

हां..हां....बेटा बोलो ना....

किसी को निकालने से अच्छा है,हमारे पैसे कम कर दो......

बारह हजार की जगह नौ हजार कर दो आप....

मैंने बाकियों की तरफ देखा

हां साहब..... हम इतने से ही काम चला लेंगे....

बच्चों ने मेरी परेशानी को,आपस में बांटने का सोच, मेरे मन के बोझ को कम जरूर कर दिया था....

पर तुम लोगों को ये कम तो नहीं पड़ेगा ना....?

नहीं साहब,कोई साथी भूखा रहे.....

इससे अच्छा है,हम सब अपना निवाला थोड़ा कम कर दें......

मेरी आंखों में आंसू छोड़...

वह सभी बच्चे अपने काम पर लग गए,मेरी #नज़रों में... मुझसे कहीं ज्यादा #बड़े बनकर!

अरविंद कुमार

पति नही चाहिए दोस्त चाहिए

सुबह उसके डर से उठ कर नही बनानी चाय

अलसा जाना है

कहना है यार बना दो न आज तुम चाय

पति नही चाहिए जो क्या पहनू, बाहर न जाउ, किसी से बात न करूं, बस उसके हिसाब से जीवन जियूँ,

दोस्त चाहिए , जो कहे कि ऐसे ही तो पसंद किया था इन्ही खूबियों(अब कमिया है)के साथ वैसे ही रहा करो!!

पति नही चाहिए, के खिड़की में आँखे गाडकर मुझे किसी से बात करता देख शक की कोई पूरी कहानी बना ले

चमड़ी उधेड़ देने की बात करे

साली दुनियाँ भर के लोगो से बतियाती है

के क्षोभ से मरता रहे,और अपना गुस्सा मुझपर निकाले,

दोस्त चाहिए

प्यार से पूछे और कहे यार तुम कितने जल्दी लोगों से जान पहचान
कर लेती हो न

कितनी सोशल हो

बात करने का संकोच नहीं तुममें

मैं नही कर पाता हूँ सहज इतनी बातें

पति नही चाहिए

मेरे मासूम सपनों का सुन कर भी जिसकी नाराजगी की जमीन में कांटे
उग आए

यात्राओं में कौन आवारा औरतें है जो अकेली जाती है

कमाएं हम और मौज के सपनें तुम देखो,

दोस्त चाहिए

खुद हो कहे

कभी दोस्तो के साथ पहाड़ की यात्रा पर जाना

रुकना किसी रात उनके घर

बारिशों में कभी चाय पार्टी करना

बहुत बहुत अच्छा फील करोगी

खूब ऊर्जा के साथ लौटोगी घर में

पति नही चाहिए

जिसकी कॉलर साफ करूँ

जिसके जूते जगह पर रखूं जिसकी गाड़ी की चाभी देना न भूलूँ

जिससे बात कहने और सुनने में भरी रहूं डर से

दोस्त चाहिए

जिसे गलबहियां डाल कहूँ

जरा मेरी तारीफ करना

कोई गीत गाना मेरे लिए

मेरे नखरे उठाओ

बस आज

मैं लो फ़ील कर रही

पति नही चाहिए

जो बारिश होते चीखने लगे

बाहर के कपड़े उठा लेती

सामान अंदर कर लेती

उधर खिड़की पर बैठी मूर्खा सी भींग रही हो, ग्वार औरत

दोस्त चाहिए

तेज बारिश में हाथ खींच कहे खिड़की पूरी खोल दो

आने दो तेज बौछार

भिंगो न यार साथ में

कपडे फिर सुखा लेंगे

अरविंद कुमार

#काव्योदय

एक हास्य कविता प्रस्तुत कर रही हूँ, उद्देश्य मात्र हँसना, हँसाना है,
अन्यथा ना लें

वो पत्नी ही क्या जो तंग ना करे

पति के हर रंग में भंग ना करे

और जब बीत जाएं शादी के कई साल

तो अपने असली रूप में आके जंग ना करे

पति के सर पर सवार ना हो जो

चिकचिक करती हज़ार ना हो जो

और जब बात आए शॉपिंग और सैर सपाटे की

तो एन वक्त पर मुँह ना फुलाए और हुड़दंग ना करे

छेड़ कर ख़ुद झगड़ा ना करे

और हो जाए झगड़ा तो उसे तगड़ा ना करे

बहस में कभी चुप ना हो

बहस में कभी थके ना, बहस में कभी रुके ना

और चुप्पी को अपने संग ना करे

अगर शक्ति है पत्नी

तो सहन शक्ति है पति

अगर देवी है पत्नि

तो भक्ति है पति

पति ना बोले तो बुलवाए ये

और अगर पति बोले तो नाक में दम करके

ख़त्म हर उसकी उमंग ना करे

वो बीवी ही क्या जो तंग ना करे

(स्वरचित एवं मौलिक)

अरविंद कुमार

मैं नारी...... नदी सी मेरे दो किनारे।

एक किनारे ससुराल, दूजी ओर मायका

दोनों मेरे अपने फिर भी अलग दोनों का जायका।

एक तरफ मां जिसकी कोख का मैं हिस्सा ।

दूजी ओर सास के लाल संग जुड़ा मेरे जीवन भर का किस्सा

एक तरफ पिता , जिनसे है अपनत्व की धाक।

दूजी ओर ससुरजी जिनकी हैं सम्मान की साख।

मायके का आँगन मेरे जन्म की किलकारी

ससुराल का आँगन मेरे बच्चों की चिलकारी

मायके में मेरी बहने , मेरी हमजोली

ससुराल में मेरी ननदे है, शक्कर सी मीठी गोली।

मायके में मामा, काका है पिता सी मुस्कान

ससुराल के देवर जेठ हैं तीखे में मिष्टान।

मायके में भाभी है ममता के खजाने की चाबी,

ससुराल में देवरानी जेठानी मेरी तरह बहती नदी का पानी।

मायके में मेरा भईया एक आस जो बनेगा दुख में मेरी नय्या

ससुराल में मेरे प्राणप्रिय सैया जो हैं मेरे जीवन के खेवैया।

ससुराल ओर मायका हैं दो नदी की धारा

जो एक नारी में समाकर नारी को बनाती है

सागर सा गहरा।

नारी शक्ति को प्रणाम

बापऔरबेटीकारिश्ता ?

बेटी की विदाई के वक्त बाप ही सबसे आखिरी में रोता है, क्यों, चलिए आज आप विस्तारित रूप से समझिए।

बाकी सब भावुकता में रोते हैं, पर बाप उस बेटी के बचपन से विदाई तक के बीते हुए पलों को याद कर करके रोता है।

#माँ_बेटी के रिश्तों पर तो बात होती ही है, पर बाप और बेटी का रिश्ता भी समुद्र से गहरा है।

हर बाप घर के बेटे को गाली देता है, धमकाता और मारता है, पर वही बाप अपनी बेटी की हर गलती को नकली दादागिरी दिखाते हुए, नजर अंदाज कर देता है।

बेटे ने कुछ मांगा तो एक बार डांट देता है, पर अगर बिटिया ने धीरे से भी कुछ मांगा तो बाप को सुनाई दे जाता है और जेब में रूपया हो या न हो पर बेटी की इच्छा पूरी कर देता है।

दुनिया उस बाप का सब कुछ लूट ले तो भी वो हार नही मानता, पर अपनी बेटी के आंख के आंसू देख कर खुद अंदर से बिखर जाए उसे बाप कहते हैं।

और बेटी भी जब घर में रहती है, तो उसे हर बात में बाप का घमंड होता है। किसी ने कुछ कहा नहीं कि वो बेटी तपाक से बोलती है, "पापा को आने दे फिर बताती हूं।"

बेटी घर में रहती तो माँ के आंचल में है, पर बेटी की हिम्मत उसका बाप रहता है।

बेटी की जब शादी में विदाई होती है तब वो सबसे मिलकर रोती तो है, पर जैसे ही विदाई के वक्त कुर्सी समेटते बाप को देखती है, जाकर झूम जाती है, और लिपट जाती है, और ऐसे कसके पकड़ती है अपने बाप को जैसे माँ अपने बेटे को। क्योंकि उस बच्ची को पता है, ये बाप ही है जिसके दम पर मैंने अपनी हर जिद पूरी की थी।

खैर बाप खुद रोता भी है, और बेटी की पीठ ठोक कर फिर हिम्मत देता है, कि बेटा चार दिन बाद आ जाऊँगा, तुझको लेने और खुद जान बूझकर निकल जाता है, किसी कोने में और उस कोने में जाकर वो बाप कितना फूट फूट कर रोता है, ये बात सिर्फ एक बेटी का बाप ही समझ सकता है।

जब तक बाप जिंदा रहता है, बेटी मायके में हक़ से आती है और घर में भी ज़िद कर लेती है और कोई कुछ कहे तो डट के बोल देती है कि मेरे बाप का घर है। पर जैसे ही बाप मरता है और बेटी आती है तो वो इतनी चीत्कार करके रोती है कि, सारे रिश्तेदार समझ जाते है कि बेटी आ गई है।

और वो बेटी उस दिन अपनी हिम्मत हार जाती है, क्योंकि उस दिन उसका बाप ही नहीं उसकी वो हिम्मत भी मर जाती हैं।

आपने भी महसूस किया होगा कि बाप की मौत के बाद बेटी कभी अपने भाई- भाभी के घर वो जिद नहीं करती जो अपने पापा के वक्त

करती थी, जो मिला खा लिया, जो दिया पहन लिया क्योंकि जब तक उसका बाप था तब तक सब कुछ उसका था यह बात वो अच्छी तरह से जानती है।

आगे लिखने की हिम्मत नहीं है, बस इतना ही कहना चाहती हूं कि बाप के लिए बेटी उसकी जिंदगी होती है, पर वो कभी बोलता नहीं, और बेटी के लिए बाप दुनिया की सबसे बड़ी हिम्मत और घमंड होता है, पर बेटी भी यह बात कभी किसी को बोलती नहीं है।

#बाप_बेटी का प्रेम समुद्र से भी गहरा है।

कड़वी सच्चाई:---

अक्सर पुरूष चकित रहते हैं कि प्रेमिका इतनी स्वीट और पत्नी इतनी खड़ूस क्यों होती है....??

तो सुनो-

बारिश में प्रेमिका को उधार की बाईक और रूपया मांगकर भी लांग ड्राइव पर ले जाते हो ?

लेकिन पत्नी के आते ही अमीर हो जाने पर भी उससे बारिश होने पर चाय पकौड़ी बनवाना ही याद आता है..... ?

थकी- हारी पत्नी नहीं कह देती है तो तुम्हारे अहम को इतनी चोट लगती है कि सुबह तक मुंह फुलाए घूमते हो.......?

लेकिन प्रेमिका के आगे 365 दिन भी गिड़गिड़ाने पर कुछ हासिल नहीं हो तो भी संस्कार समझकर उस पर और प्यार लुटाते हो और मान- मुनव्वल शुरू कर देते हो?

प्रेमिका को पार्क, रैस्टोरेंट,रिसोर्ट...सुंदर से सुंदर और खर्चीली जगह ले जाते हो.....?

लेकिन पत्नी के आते ही उसे मुंडन,जनेऊ,विवाह,पूजा- पाठ,बीमार की सेवा,श्रद्धांजलि सभा में ... सारी ज़िम्मेदारी निभाने के लिए ले जाते हो... ?

प्रेमिका को सर से पांव तक घूरते रहने में आंखें नहीं थकती और हर इंच और हर मौके के लिए शायराना अंदाज रहता है.....

लेकिन पत्नी के लिए शिकायत - कितना देर लगाती हो तैयार होने में......

प्रेमिका का फ़ोन चौबीस घंटे में चौबीस बार भी आए तो वो "प्यार" लगता है.......

लेकिन पत्नी का दिन में दो बार फ़ोन इन्क्वायरी लगने लगता है....

अपने भले अपने मां- बाप की सेवा नहीं किए होंगे लेकिन पत्नी से यही उम्मीद होती है कि वो चौबीस घंटे उसके पूरे परिवार के सेवा में गुजरे...,

कड़वा है पर सच है.!!

मेरे प्यार को यूँ आजमाया ना कर

साँसे कम हे... यूँ छोड़ के जाया ना कर

किसी दिन इतनी दूर चली जाऊंगी

जंहा तन्हा देखें गा

फिर कन्हा मेरे जैसी पायेगा

मंच को सादर नमन?❤?

विषय ... हास्य

विधा... कविता

? दारू हास्य ?

दारू पीके दर-दर भटके

नैना यह बेमतलब मटके

होश में जिनसे जुबां ये अटके

नशे में बात करो बेखटके

चलिए चाल मतवारी

चाहो जिसे दे दो गारी

तुम पीके बस टुन्न रहो

लोग करें खूब ख्वारी

दारु पी के ज्ञान होत है

नशेड़ी बोले सोच विचार

शरबत को व्हिस्की कहें

सब्जी को कहत अचार

सभी ग़मों को ये भुला दे

कितनी अच्छी दारू है

पी के पड़े रहो नाली में

बाट जोहे मेहरारू है

उधार लेकर पियो तो

मजा दोगुना देती है

कर्जदार बन जाओगे तो

सजा दोगुना देती है

काम जो यह कर सके

हर किसी में दम नहीं

बीवी सामने बोले पियक्कड़

आज तुम नहीं या हम नहीं

एक्चुअली सभी शराबी

सम्मान के हकदार हैं

सरकार की जीडीपी बढ़ावे

इनाम के हकदार हैं

इनका सरकार के राजस्व में

सीधा-सीधा योगदान है

इसे कहते है कसक ओर चाहत

ट्रेन चलने को ही थी कि अचानक कोई जाना पहचाना सा चेहरा जर्नल बोगी में आ गया। मैं अकेली सफर पर थी। सब अजनबी चेहरे थे। स्लीपर का टिकिट नही मिला तो जर्नल डिब्बे में ही बैठना पड़ा। मगर यहां ऐसे हालात में उस शख्स से मिलना। जिंदगी के लिए एक संजीवनी के समान था।

जिंदगी भी कमबख्त कभी कभी अजीब से मोड़ पर ले आती है। ऐसे हालातों से सामना करवा देती है जिसकी कल्पना तो क्या कभी ख्याल भी नही कर सकते ।

वो आया और मेरे पास ही खाली जगह पर बैठ गया। ना मेरी तरफ देखा। ना पहचानने की कोशिश की। कुछ इंच की दूरी बना कर चुप चाप पास आकर बैठ गया। बाहर सावन की रिमझिम लगी थी। इस कारण वो कुछ भीग गया था। मैंने कनखियों से नजर बचा कर उसे देखा। उम्र के इस मोड़ पर भी कमबख्त वैसा का वैसा ही था। हां कुछ भारी हो गया था। मगर इतना ज्यादा भी नही।

फिर उसने जेब से चश्मा निकाला और मोबाइल में लग गया।

चश्मा देख कर मुझे कुछ आश्चर्य हुआ। उम्र का यही एक निशान उस पर नजर आया था कि आंखों पर चश्मा चढ़ गया था। चेहरे पर और सर पे मैंने सफेद बाल खोजने की कोशिश की मग़र मुझे नही दिखे।

मैंने जल्दी से सर पर साड़ी का पल्लू डाल लिया। बालो को डाई किए काफी दिन हो गए थे मुझे। ज्यादा तो नही थे सफेद बाल मेरे सर पे। मगर इतने जरूर थे कि गौर से देखो तो नजर आ जाए।

मैं उठकर बाथरूम गई। हैंड बैग से फेसवाश निकाला चेहरे को ढंग से धोया फिर शीशे में चेहरे को गौर से देखा। पसंद तो नही आया मगर अजीब सा मुँह बना कर मैने शीशा वापस बैग में डाला और वापस अपनी जगह पर आ गई।

मग़र वो साहब तो खिड़की की तरफ से मेरा बैग सरकाकर खुद खिड़की के पास बैठ गए थे।

मुझे पूरी तरह देखा भी नही बस बिना देखे ही कहा, " सॉरी, भाग कर चढ़ा तो पसीना आ गया था । थोड़ा सुख जाए फिर अपनी जगह बैठ जाऊंगा।" फिर वह अपने मोबाइल में लग गया। मेरी इच्छा जानने की कोशिश भी नही की। उसकी यही बात हमेशा मुझे बुरी लगती थी। फिर भी ना जाने उसमे ऐसा क्या था कि आज तक मैंने उसे नही भुलाया। एक वो था कि दस सालों में ही भूल गया। मैंने सोचा शायद अभी तक गौर नही किया। पहचान लेगा। थोड़ी मोटी हो गई हूँ। शायद इसलिए नही पहचाना। मैं उदास हो गई।

जिस शख्स को जीवन मे कभी भुला ही नही पाई उसको मेरा चेहरा ही याद नही?

माना कि ये औरतों और लड़कियों को ताड़ने की इसकी आदत नही मग़र पहचाने भी नही?

शादीशुदा है। मैं भी शादीशुदा हुँ जानती थी इसके साथ रहना मुश्किल है मग़र इसका मतलब यह तो नही कि अपने खयालो को अपने सपनो को जीना छोड़ दूं।

एक तमन्ना थी कि कुछ पल खुल के उसके साथ गुजारूं। माहौल दोस्ताना ही हो मगर हो तो सही?

आज वही शख्स पास बैठा था जिसे स्कूल टाइम से मैने दिल मे बसा रखा था। सोसल मीडिया पर उसके सारे एकाउंट चोरी छुपे देखा करती थी। उसकी हर कविता, हर शायरी में खुद को खोजा करती थी। वह तो आज पहचान ही नही रहा?

माना कि हम लोगों में कभी प्यार की पींगे नही चली। ना कभी इजहार हुआ। हां वो हमेशा मेरी केयर करता था, और मैं उसकी केयर करती थी। कॉलेज छुटा तो मेरी शादी हो गई और वो फ़ौज में चला गया। फिर उसकी शादी हुई। जब भी गांव गई उसकी सारी खबर ले आती थी।

बस ऐसे ही जिंदगी गुजर गई।

आधे घण्टे से ऊपर हो गया। वो आराम से खिड़की के पास बैठा मोबाइल में लगा था। देखना तो दूर चेहरा भी ऊपर नही किया ?

मैं कभी मोबाइल में देखती कभी उसकी तरफ। सोसल मीडिया पर उसके एकाउंट खोल कर देखे। तस्वीर मिलाई। वही था। पक्का वही। कोई शक नही था। वैसे भी हम महिलाएं पहचानने में कभी भी धोखा नही खा सकती। 20 साल बाद भी सिर्फ आंखों से पहचान ले ☺ ?

फिर और कुछ वक्त गुजरा। माहौल वैसा का वैसा था। मैं बस पहलू बदलती रही।

फिर अचानक टीटी आ गया। सबसे टिकिट पूछ रहा था।

मैंने अपना टिकिट दिखा दिया। उससे पूछा तो उसने कहा नही है।

टीटी बोला, "फाइन लगेगा"

वह बोला, "लगा दो"

टीटी, " कहाँ का टिकिट बनाऊं?"

उसने जल्दी से जवाब नही दिया। मेरी तरफ देखने लगा। मैं कुछ समझी नही।

उसने मेरे हाथ मे थमी टिकिट को गौर से देखा फिर टीटी से बोला, " कानपुर।"

टीटी ने कानपुर की टिकिट बना कर दी। और पैसे लेकर चला गया।

वह फिर से मोबाइल में तल्लीन हो गया।

आखिर मुझसे रहा नही गया। मैंने पूछ ही लिया,"कानपुर में कहाँ रहते हो?"

वह मोबाइल में नजरें गढ़ाए हुए ही बोला, " कहीँ नही"

वह चुप हो गया तो मैं फिर बोली, "किसी काम से जा रहे हो"

वह बोला, "हाँ"

अब मै चुप हो गई। वह अजनबी की तरह बात कर रहा था और अजनबी से कैसे पूछ लूँ किस काम से जा रहे हो।

कुछ देर चुप रहने के बाद फिर मैंने पूछ ही लिया, "वहां शायद आप नौकरी करते हो?"

उसने कहा,"नही"

मैंने फिर हिम्मत कर के पूछा "तो किसी से मिलने जा रहे हो?"

वही संक्षिप्त उत्तर ,"नही"

आखरी जवाब सुनकर मेरी हिम्मत नही हुई कि और भी कुछ पूछूँ। अजीब आदमी था । बिना काम सफर कर रहा था।

मैं मुँह फेर कर अपने मोबाइल में लग गईं।

कुछ देर बाद खुद ही बोला, " ये भी पूछ लो क्यों जा रहा हूँ कानपुर?"

मेरे मुंह से जल्दी में निकला," बताओ, क्यों जा रहे हो?"

फिर अपने ही उतावलेपन पर मुझे शर्म सी आ गई।

उसने थोड़ा सा मुस्कराते हुवे कहा, " एक पुरानी दोस्त मिल गई। जो आज अकेले सफर पर जा रही थी। फौजी आदमी हूँ। सुरक्षा करना मेरा कर्तव्य है । अकेले कैसे जाने देता। इसलिए उसे कानपुर तक छोड़ने जा रहा हूँ। " इतना सुनकर मेरा दिल जोर से धड़का। नॉर्मल नही रह सकी मैं।

मग़र मन के भावों को दबाने का असफल प्रयत्न करते हुए मैंने हिम्मत कर के फिर पूछा, " कहाँ है वो दोस्त?"

कमबख्त फिर मुस्कराता हुआ बोला," यहीं मेरे पास बैठी है ना"

इतना सुनकर मेरे सब कुछ समझ मे आ गया। कि क्यों उसने टिकिट नही लिया। क्योंकि उसे तो पता ही नही था मैं कहाँ जा रही हूं। सिर्फ और सिर्फ मेरे लिए वह दिल्ली से कानपुर का सफर कर रहा था। जान

कर इतनी खुशी मिली कि आंखों में आंसू आ गए।

दिल के भीतर एक गोला सा बना और फट गया। परिणाम में आंखे तो भिगनी ही थी।

बोला, "रो क्यों रही हो?"

मै बस इतना ही कह पाई," तुम मर्द हो नही समझ सकते"

वह बोला, " क्योंकि थोड़ा बहुत लिख लेता हूँ इसलिए एक कवि और लेखक भी हूँ। सब समझ सकता हूँ।"

मैंने खुद को संभालते हुए कहा "शुक्रिया, मुझे पहचानने के लिए और मेरे लिए इतना टाइम निकालने के लिए"

वह बोला, "प्लेटफार्म पर अकेली घूम रही थी। कोई साथ नही दिखा तो आना पड़ा। कल ही रक्षा बंधन था। इसलिए बहुत भीड़ है। तुमको यूँ अकेले सफर नही करना चाहिए।"

"क्या करती, उनको छुट्टी नही मिल रही थी। और भाई यहां दिल्ली में आकर बस गए। राखी बांधने तो आना ही था।" मैंने मजबूरी बताई।

"ऐसे भाइयों को राखी बांधने आई हो जिनको ये भी फिक्र नही कि बहिन इतना लंबा सफर अकेले कैसे करेगी?"

"भाई शादी के बाद भाई रहे ही नही। भाभियों के हो गए। मम्मी पापा रहे नही।"

कह कर मैं उदास हो गई।

वह फिर बोला, "तो पति को तो समझना चाहिए।"

"उनकी बहुत बिजी लाइफ है मैं ज्यादा डिस्टर्ब नही करती। और आजकल इतना खतरा नही रहा। कर लेती हुँ मैं अकेले सफर। तुम अपनी सुनाओ कैसे हो ?"

"अच्छा हूँ, कट रही है जिंदगी"

"मेरी याद आती थी क्या?" मैंने हिम्मत कर के पूछा।

वो चुप हो गया।

कुछ नही बोला तो मैं फिर बोली, "सॉरी, यूँ ही पूछ लिया। अब तो परिपक्व हो गए हैं। कर सकते है ऐसी बात।"

उसने शर्ट की बाजू की बटन खोल कर हाथ मे पहना वो तांबे का कड़ा दिखाया जो मैंने ही फ्रेंडशिप डे पर उसे दिया था। बोला, " याद तो नही आती पर कमबख्त ये तेरी याद दिला देता था।"

कड़ा देख कर दिल को बहुत शुकुन मिला। मैं बोली "कभी सम्पर्क क्यों नही किया?"

वह बोला," डिस्टर्ब नही करना चाहता था। तुम्हारी अपनी जिंदगी है और मेरी अपनी जिंदगी है।"

मैंने डरते डरते पूछा," तुम्हे छू लुँ"

वह बोला, " पाप नही लगेगा?"

मै बोली," नही छू ने से नही लगता।"

और फिर मैं कानपुर तक उसका हाथ पकड़ कर बैठी रही।।

बहुत सी बातें हुई।

जिंदगी का एक ऐसा यादगार दिन था जिसे आखरी सांस तक नही बुला पाऊंगी।

वह मुझे सुरक्षित घर छोड़ कर गया। रुका नही। बाहर से ही चला गया।

जम्मू थी उसकी ड्यूटी। चला गया।

उसके बाद उससे कभी बात नही हुई। क्योंकि हम दोनों ने एक दूसरे के फोन नम्बर नही लिए।

हांलांकि हमारे बीच कभी भी नापाक कुछ भी नही हुआ। एक पवित्र सा रिश्ता था। मगर रिश्तो की गरिमा बनाए रखना जरूरी था।

फिर ठीक एक महीने बाद मैंने अखबार में पढ़ा कि वो देश के लिए शहीद हो गया। क्या गुजरी होगी मुझ पर वर्णन नही कर सकती। उसके परिवार पर क्या गुजरी होगी। पता नही ?

लोक लाज के डर से मैं उसके अंतिम दर्शन भी नही कर सकी।

आज उससे मीले एक साल हो गया है आज भी रखबन्धन का दूसरा दिन है आज भी सफर कर रही हूँ। दिल्ली से कानपुर जा रही हूं। जानबूझकर जर्नल डिब्बे का टिकिट लिया है मैंने।

अकेली हूँ। न जाने दिल क्यों आस पाले बैठा है कि आज फिर आएगा और पसीना सुखाने के लिए उसी खिड़की के पास बैठेगा।

एक सफर वो था जिसमे कोई #हमसफ़र था।

एक सफर आज है जिसमे उसकी यादें हमसफ़र है। बाकी जिंदगी का सफर जारी है देखते है कौन मिलता है कौन साथ छोड़ता है...!!!

अरविंद कुमार समरवार

क्रम-सूची

www.ingramcontent.com/pod-product-compliance
Lightning Source LLC
Chambersburg PA
CBHW021149130726
47988CB00004B/1528